ADMINISTRACIÓN DE EMPRESAS PARA PRINCIPIANTES

Autor: Agustín Dighiero Triay

Introducción:

Bienvenido/a a este libro sobre administración de empresas. En el mismo vamos a presentar a la administración de empresas como un proceso, que consta de varias etapas.

El objetivo de este libro es abordar cada etapa de forma clara y sencilla, acompañada con ejemplos.

Luego, presentaremos otros temas vinculados con la administración como ser la cultura, la responsabilidad social empresarial, el cambio y la crisis.

Espero que disfrutes mucho este libro.

Saludos.
Agustín.

Presentación del autor

Agustín Dighiero Triay.

Contador público, Master en Marketing Digital & Ecommerce, Posgrado en Fintech y Banca Digital y Máster en Dirección Comercial y Marketing.

Profesional con más de 15 años de experiencia trabajando en el rubro financiero, habiendo trabajado en empresas como Banco Itaú, Cash SA, Pronto+ (del grupo Scotiabank) y Verde Money.

Cuento con más de 10 años como docente en diversos institutos (Universidad de la empresa, Universidad de la República e institutos privados).

Profesor en Udemy con varios cursos activos y más de 30.000 alumnos con excelentes calificaciones.

Apasionado por la docencia.

Índice

Contenido

Administración de: ¿Empresas u organizaciones?

Si bien es cierto que el título de este libro habla sobre "administración de empresas", los conceptos que veremos en el mismo aplican para todo tipo de organizaciones.

La mayor parte de la bibliografía sobre la administración se enfoca en las empresas con fines de lucro (o que buscan "ganar dinero"), pero muchos de los conceptos sobre la administración aplican también para ONGs (organizaciones no gubernamentales), clubes deportivos, partidos políticos, cooperativas, etc.

Por esa misma razón puede que en el siguiente e-book hablemos sobre administración de empresas u organizaciones indistintamente.

¿Qué es una empresa u organización?

Cuando hablamos de organización, hablamos de un grupo de personas especialmente conformados y organizados para obtener resultados específicos: satisfacción de necesidades.

En las organizaciones los individuos tienen posiciones y roles; derechos y obligaciones

Estas organizaciones combinan factores: recursos humanos, materiales y herramientas para producir un bien o un servicio.

Este producto o servicio que la organización va a ofrecer en el mercado, debe tener a los ojos de la sociedad más valor que el de los recursos consumidos en el proceso.

Primera pausa

En otras palabras: cada vez que hablemos de empresa u organización, vamos a estar hablando de un grupo de personas que trabajan para producir un bien o un servicio que luego van a vender, regalar o donar.

Sigamos:

Dentro de las organizaciones podemos encontrar:

1. Empleados o miembros
2. Inversionistas o socios
3. Proveedores
4. Clientes y la sociedad en general
5. El estado (o la regulación)

Fines de las organizaciones

Las organizaciones se constituyen con el fin de lograr satisfacer alguna o algunas necesidades.

Las necesidades insatisfechas

Todas las personas tenemos necesidades insatisfechas. Cuando tenemos hambre comemos, cuando tenemos sueño dormimos, cuando tenemos necesidades fisiológicas vamos al baño, etc.

Desde lo más simple a lo más complejo podría dedicar miles de páginas a escribir sobre necesidades insatisfechas.

Y el concepto de necesidades es muy amplio. Empezamos hablando de comer e ir al baño. Pero también necesitamos una cuenta de banco para cobrar nuestro sueldo o nuestros ingresos. Una tarjeta de crédito o débito para pagar. Un medio de

transporte para movernos. Viajamos para disfrutar.
Vamos a conciertos para divertirnos. Etc.

Pero: ¿Dónde se satisfacen las necesidades?

El mercado

En el mercado existen personas con necesidades
insatisfechas y en la gran mayoría de los casos, una
limitada capacidad económica (existen algunos
multimillonarios para los que no hay tal "limitada
capacidad económica", pero son muy pocos) La
mayoría de las personas tienen recursos limitados.

Por otro lado, hay empresas y organizaciones que
ofrecen productos y servicios para satisfacer esas
necesidades.

Volviendo a los ejemplos del punto anterior, cuando
tenemos hambre podemos ir al supermercado a
comprar comida, a un restaurante o pedir comida por
delivery.

Compramos una casa o alquilamos un apartamento para tener un lugar donde ir al baño, donde dormir, etc.

Para todas las necesidades existen o deberían existir empresas u organizaciones que me ofrezcan los productos o servicios que necesitamos.

Empresas y organizaciones

Para satisfacer esas necesidades tenemos empresas que buscan rentabilidad. Estas empresas intentarán satisfacer las necesidades de las personas mediante un proceso en el cual la suma de los productos consumidos en el proceso tenga, a los ojos del cliente, más valor que los mismos por separado.

Volvamos al ejemplo de una persona que tiene hambre.

Para satisfacer esa necesidad puede ir al supermercado y comprar pan, lechuga, tomate, mayonesa, kétchup, carne picada y armar su propia hamburguesa.

Pero también puede ir a McDonald's o Burger King y comprar su hamburguesa ya hecha.

Ligado a esto está el concepto de **valor agregado**.

Puedo armar mi propia hamburguesa comprando todos los ingredientes necesarios o ver más valor en comprarla ya hecha.

Y ese valor agregado puedo verlo en el tiempo que me ahorro, en no ensuciar mi cocina, etc. Dependerá de cada persona.

Pero en el mercado también tenemos organizaciones como pueden ser las ONG, que se dedican a satisfacer las necesidades de los sectores más vulnerables de la población sin buscar ser rentables.

En este sentido, ejemplos de ONG pueden ser REMAR, que brinda alimentos a personas en situación vulnerable sin esperar nada a cambio, o Techos, que construye viviendas de emergencia en barrios carenciados.

En este libro, en general vamos a hablar de empresas, pero muchos de estos conceptos aplican para todo tipo de organizaciones. Una ONG, un club deportivo o un partido político también necesitan ser "administrados". Y por eso es que vuelvo a repetir que la administración, si bien se enfoca mucho en las empresas, la mayoría de sus conceptos aplican tanto para empresas como para organizaciones.

Diferencias entre empresas y organizaciones

El objetivo de la empresa es ganar dinero. El de la organización no.

Las empresas y las organizaciones tienen que satisfacer una necesidad.

En el proceso las empresas buscan ganar dinero. Las organizaciones no tienen por qué.

Las empresas y el mercado.

Las empresas no están solas, cuando las personas quieren satisfacer sus necesidades y van al mercado en busca de los productos o servicios que las satisfagan, se encuentran con muchos oferentes, muchas empresas que ofrecen productos o servicios válidos para satisfacer esas necesidades.

Y aquí es que entra un nuevo concepto y es el de **competencia**.

Volviendo nuevamente al ejemplo de una persona que tiene hambre y quiere comprar comida, si decide ir o pedir a un restaurante una hamburguesa, podría por ejemplo pedir en McDonald's o en Burger King.

Desde la óptica de la empresa, el desafío va a ser que cuando el cliente se cuestione si comprar en una empresa u otra me elija a mí. Y ahí entra un nuevo concepto y es el de **estrategia**.

Organización y medio ambiente

Las organizaciones no están aisladas, sino que dependen de su entorno para obtener recursos tanto humanos como materiales y para que ese entorno absorba o consuma sus productos o servicios.

Dentro del medio ambiente encontramos dos grandes categorías:

Por un lado, tendremos los factores ambientales: aquellos aspectos del medio que de algún modo inciden sobre la organización pero que no es posible controlarlos.

Y por otro lado tendremos los factores ambientales sobre los cuales sí podemos influir como ser: clientes, proveedores, accionistas, sindicato, etc... Donde veremos que nuestros movimientos los afectan a ellos y los de ellos a nosotros.

Medio Ambiente, la sequía, la cría de animales y la producción de vinos:

En el año 2002 en Uruguay hubo una gran sequía. Durante muchos meses no llovió.

Eso afectó a mucha gente, sobre todo a las personas que viven en el campo y trabajan en la tierra. Pero no los afectó a todos por igual.

A las personas que se dedicaban a la cría de animales (vacas y ovejas especialmente), que necesitan que los animales comen pasto y engorden para venderlos, con la sequía el pasto no crecía, los animales no engordaban y no se podían vender o si se vendían, a lo que se pagan por kilo de peso, valían menos.

Sin dudas, la sequía afectó negativamente a los criadores de animales.

Sin embargo, a los vitivinicultores, les vino muy bien la sequía ya que al estar seca la tierra, el calor influye positivamente en la calidad del vino, generando un vino de mejor calidad, que luego se vende más caro.

Este es un claro ejemplo de medio ambiente sobre el que no se puede hacer nada (si bien es cierto que podríamos regar, por ejemplo, no podemos hacer que llueva) y que influyen sobre los negocios, las empresas y las organizaciones.

Medio ambiente y McDonald´s en la india:

McDonald's, la cadena de restaurantes de comida rápida estadounidense, famosa por sus hamburguesas de carne, papas fritas y refrescos en la india no vende hamburguesas de carne vacuna, si no que vende hamburguesas de pollo y hamburguesas vegetarianas.

La razón: en la India la vaca es el animal sagrado del hinduismo y en ese país, la mayoría de la población es hinduista y vegetariana.

Sin dudas el medio ambiente influyó en McDonald´s, que tuvo que adaptar su negocio de comida rápida para ser exitoso en la India.

Este es un claro ejemplo de cómo el medio ambiente influye en las empresas, pero que en algunos casos (como este), podremos adaptarnos y limitar la influencia del mismo.

El proceso administrativo

Finalizada esta segunda introducción, nos vamos a meter de lleno en el proceso administrativo.

Lourdes Münch, en su libro "Administración", dice que el proceso administrativo consta de diferentes etapas:

Planeación. Es cuando se determinan los escenarios futuros y el rumbo hacia dónde se dirige la empresa, así como la definición de los resultados que se pretenden obtener y las estrategias para lograrlos minimizando riesgos.

Organización. Consiste en el diseño y determinación de las estructuras, procesos, funciones y responsabilidades, así como el establecimiento de métodos, y la aplicación de técnicas tendientes a la simplificación del trabajo.

Integración. Es la función a través de la cual se eligen y obtienen los recursos necesarios para poner en marcha las operaciones.

***Dirección**. Consiste en la ejecución de todas las fases del proceso administrativo mediante la conducción y orientación de los recursos, y el ejercicio del liderazgo.*

***Control**. Es la fase del proceso administrativo a través de la cual se establecen estándares para evaluar los resultados obtenidos con el objetivo de corregir desviaciones, prevenirlas y mejorar continuamente las operaciones.*

Distintos autores definirán de distintas maneras este proceso administrativo. En la mayoría de los casos, cumplen los mismos "pasos" o "etapas", definidos de distintas formas.

De hecho, hace unos días estaba leyendo el libro "El plan de Marketing de 1-Página", de Allan Dib.

En este libro, el autor decía: "hay cuatro tipos principales de sistemas de negocios que tienes que crear, sea cual sea tu negocio."

"Cuatro áreas de tu negocio:

1. <u>Sistema de Marketing</u>: genera un flujo continuo de prospectos a tu negocio.

2. <u>Sistema de Ventas:</u> cuidar de los prospectos, seguimiento y conversión

3. <u>Sistema de Ejecución</u>: lo que haces a cambio del dinero de tu cliente

4. <u>Sistema de Administración</u>: cuentas, recepción, recursos humanos, etc. Soporte de todas las funciones de la empresa

Sea cual sea tu negocio, estas cuatro funciones te serán relevantes".

Cómo ven, en este libro, que tiene un foco claro en marketing y ventas, el autor habla de "cuatro áreas de negocio" muy diferentes a las que define Lourdes Münch.

El punto es: habrá tantas definiciones de administración o proceso administrativo como autores. Cada uno con su foco. Cada uno con su teoría.

Lo importante será para el lector, evaluar que estamos haciendo, como estamos o como queremos llevar nuestro negocio.

¿Por qué? Porque en administración no hay verdades absolutas. La administración no es una ciencia exacta. Habrá tantas teorías y tantas realidades como empresas u organizaciones. Incluso, dentro de una empresa u organización habrá momentos. Momentos en los que se requerirá más foco en una u otra función según la realidad de la empresa u organización y el contexto en el cual esté inserta.

Luego de esta aclaración y presentación, vamos a entrar a ver cada una de las etapas del proceso administrativo elegidas para este libro, numeradas del 1 al 5:

1. Planificación

Planificar implica definir las situaciones que queremos alcanzar en el futuro y diseñar los caminos para lograrlo.

Para ello vamos a tener que determinar objetivos, metas y **cursos de acción**.

Y marco en negrita "cursos de acción" porque es la parte más importante de esta etapa del proceso administrativo. Todos tenemos sueños, pero para que se vuelvan realidad tenemos que hacer cosas.

La planificación tiene que basarse en los recursos necesarios, los tiempos de ejecución, en la información y las posibilidades del medio.

El resultado de esta planificación va a ser: planes, programas, presupuestos, proyectos, políticas, procedimientos y reglas.

Es muy importante tener presente que en general se ha logrado comprobar que tanto las personas como las organizaciones que establecen objetivos y metas, obtienen mejores resultados que aquellas que no lo hacen.

En varios estudios se demuestra que las metas específicas pueden aumentar significativamente el desempeño del empleado.

Incluso, la recomendación es fijar los objetivos y colocarlos en algún lugar donde podamos verlos seguido, para tenerlos presentes, para recordarlos.

¿Por qué es importante tener objetivos?

- Proporcionan un sentido de dirección.
- Permiten enfocar nuestros esfuerzos.
- Guían nuestros planes y decisiones.
- Sirven para evaluar nuestros planes.

Hay un famoso dicho que dice "cualquier camino le viene bien al que no tiene destino".

Napoleón Hill en el libro "piense y hágase rico" escribió:

"Hay una cualidad que uno debe poseer para ganar y es la definición del propósito, el conocimiento exacto de lo que uno quiere"

En esta misma línea, Michael Jordan dijo:

"visualice a donde quería ir, que tipo de jugador quería ser, sabía con exactitud a donde quería llegar, que quería obtener, me concentré en conseguirlo y lo logre"

Pero para ser exitoso, no alcanza con ponerse objetivos. Hay que hacerlo bien.

Y para eso, les propongo esta lista de verificación de objetivos.

Un objetivo bien fijado tiene que ser:

1. Específico
2. Realista
3. Verificable

4. Tener un plazo
5. Incluir metas intermedias
6. Plantear un desafío
7. Plantear un compromiso

En muchos libros de administración, van a leer sobre objetivos **SMART.**

Se dice que un objetivo es SMART (o inteligente, en inglés), cuando es específico, medible, alcanzable, relevante y tiene un límite de tiempo.

Veamos en detalle cada uno de estos conceptos:

*"**Específico**: Un objetivo específico implica tener como meta algo concreto y bien definido como respuesta a la pregunta: "¿Qué quiero lograr?"*

***Medible**: Cuando un objetivo es medible permite establecer criterios concretos para medir y evaluar el progreso. En general lo más concreto y medible es una cantidad.*

***Alcanzables**: Un objetivo alcanzable es realista. Esto implica que hay que tener en cuenta tanto las* *posibilidades como las limitaciones personales y económicas para su definición.*

Relevantes*: Un objetivo relevante es aquel que está alineado con otras metas y que, por tanto, tiene sentido en el conjunto del proyecto.*

Con límite de tiempo*: Es importante establecer objetivos dentro de un marco de tiempo, fijando una fecha límite, ya que esto ayuda a concentrar todos los esfuerzos en completar la meta." (1)*

¿Cómo fijar objetivos?

En la mayoría de las empresas u organizaciones, vamos a tener que acordar con nuestro equipo, socios o compañeros de trabajo objetivos, para estar todos alineados en lo que hacemos. Por eso, es fundamental el proceso de fijación de objetivos.

Para fijar objetivos debemos tener:

Acuerdo: Las personas nos comprometemos con lo que ayudamos a construir, con lo que creemos por eso mismo es importante asegurarnos que quien tenga que cumplir el objetivo participe en su construcción y comparta la importancia del mismo.

Una vez fijado el objetivo, debemos tener el compromiso de las personas.

Podemos tener un 50% de acuerdo, pero siempre tenemos que lograr el 100% del compromiso.

Una vez fijados los objetivos

Comunicarlos: deben quedar establecidos por escrito, comunicados a los miembros de la organización y chequeados al tiempo para ver si vamos por buen camino para alcanzarlos y en caso de que no, tomar decisiones, modificar "algo" (profundizaremos más sobre esto en la etapa de control - la 5ta etapa del proceso administrativo).

Objetivos y actividades

Es importante diferenciar entre objetivos de actividades.

Por ejemplo: hacer dieta y adelgazar

Si mi objetivo es adelgazar, la actividad que voy a proponerme es hacer dieta o hacer ejercicio, por ejemplo. Estas van a ser actividades para alcanzar mi objetivo final.

Distintos tipos de planificación

Dentro de la planificación, encontramos dos grandes tipos de planes: los estratégicos y los operativos.

Los planes estratégicos: tienen que ver con la fijación por parte de la dirección o las autoridades de la empresa u organización de los objetivos y metas organizacionales, y la elaboración de la estrategia para alcanzarlos.

Los planes operativos: tienen que ver con la puesta en práctica de los planes estratégicos. Es una planificación más detallada y más de corto plazo que la anterior.

Los profesionales nunca improvisan.

En el libro "el plan de marketing de 1 página", de Allan Dib, leí algo que me impresionó.

En una parte decía:

*"Observa cualquier profesión donde la inversión es alta y verás que sigue un plan muy bien pensado. **Los profesionales nunca improvisan**.*

Los médicos siguen un plan de tratamiento
los pilotos siguen un plan de vuelo
los soldados siguen un plan de operación militar"

¿Cuál fue mi reflexión de esto? Si queremos tener una organización profesional, tenemos que planificar.

Y dentro de la planificación estratégica hay dos conceptos clave: la misión y la visión.

LA MISIÓN

La misión es el establecimiento de una necesidad o un conjunto de necesidades que la empresa desea satisfacer mejor que otros desarrollando para ello una ventaja competitiva

Cr. Javier Comas, Cr. Lic. Daniel Ginesta
Libro: Emprendimientos, creación y gestión.

LA MISIÓN PERSONAL

Si bien es cierto que este libro está enfocado en empresas y organizaciones, siempre podemos aprender y aplicar muchos de estos conceptos a nuestra vida personal.

El libro "Los 7 hábitos de la gente altamente eficiente" dice en una parte sobre la misión personal:

"Escribir o revisar un enunciado de misión es algo que efectúa cambios en nosotros al obligarnos a pensar en nuestras prioridades con profundidad y cuidado, y a alinear nuestra conducta con nuestras creencias"

Si sabemos que planificar y definir la misión de las empresas las ayuda a alcanzar sus objetivos y ser más eficientes: ¿Por qué no hacerlo para nosotros mismos?

Dejo planteada la pregunta y volvemos a la misión y la visión para las organizaciones:

LA VISIÓN

La visión es el enunciado del estado deseado en el futuro para la organización.
Provee dirección y forja el futuro de la empresa estimulando acciones concretas en el presente.

Lourdes Münch. Libro: Administración.

Para entender la importancia de la misión y la visión, les comparto esta historia, de Peter Schultz.

"Tres personas trabajaban en una construcción realizando exactamente la misma tarea, pero al ser consultados respecto a cuál era su trabajo las respuestas fueron bien diferentes: "coloco ladrillos" contestó el primero, "me gano la vida" respondió el siguiente y "colaboro en la construcción de una catedral" dijo el tercero.

Pocos de nosotros pueden construir catedrales. Sin embargo, en cuanto podamos ver la catedral en cualquier causa que estemos siguiendo, el trabajo parecerá más valioso. Estrategias adecuadas y misiones claras nos ayudarán encontrar esas

catedrales en lo que de otro modo pueden ser
visiones sombrías o causas vacías".*

Estrategia

*"La estrategia es un concepto que la administración
copia de los militares y que busca el mismo objetivo
que buscaban los militares en la guerra: tener en una
mejor posición que el adversario, pero para las
empresas en el mercado.*

*Definir una estrategia es definir la forma en que la
organización se insertará en su medio ambiente.*

*Al definir una estrategia, toda la organización debe
enfocarse hacia un análisis de lo que está ocurriendo
en su medio ambiente y las posibilidades específicas
que ella tiene de insertarse en él, alcanzando un
posicionamiento ventajoso." (2)*

Una estrategia es un plan para interactuar con el
entorno competitivo a fin de alcanzar las metas
organizacionales.

Para la elaboración de la estrategia un elemento clave es el análisis de la empresa y el medio ambiente.

Otro concepto, muy popular dentro de la administración de empresas y que se utiliza para esto es el **análisis FODA.**

La palabra FODA son las siglas de: Fortalezas, Oportunidades, debilidades y amenazas.

El análisis FODA lo podemos a su vez dividir en dos:

Análisis interno: Fortalezas y debilidades

Que pueden ser, por ejemplo: recursos Humanos, financieros, materiales, antecedentes, tecnología, información, comunicación, estructura organizativa.

Análisis externo: Oportunidades y amenazas.

Identificación del medio, variables económicas, aspectos sociales, tecnológicos, políticos; necesidades, deseos, tendencias, competencia, etc.

El análisis FODA dinámico

Un concepto muy importante del análisis FODA, es
que todo lo que identifiquemos como Fortaleza,
Oportunidad, Debilidad y Amenaza es dinámico,
cambia constantemente.

En el libro "No + pálidas", de Enrique Baliño, habla
sobre las fortalezas y dice: "Las ventajas que hoy
tenemos difícilmente sean las mismas que
necesitemos mañana para preservar el éxito. Las
ventajas competitivas no son eternas".

Ideas y ejemplos de estrategias:

- **Liderazgo de costos y precios**: ser el más
  barato. Con esa estrategia, seguramente logre
  captar a las personas que buscan precios
  bajos.
- **Diferenciación**: ofrecer algo único, exclusivo.
  (Como, por ejemplo, la vista en un
  restaurante, algo que no es replicable, que no
  se verá en otro lugar igual).
- **Atributos**: rapidez (caso de McDonald's o
  Burger King en comida) o calidad (como el

ejemplo de Stanley's y sus termos que tienen
"garantía de por vida").

**Dos conceptos clave a la hora de planificar:
Eficacia y eficiencia**

Las organizaciones a la hora de actuar y poner en
funcionamiento procesos deben ser eficaces: lograr
hacer lo que pretendían. Esto refiere a la **eficacia**.

Eficiencia es lograr proporcionar el producto para el
que fue creada la organización con el menor consumo
de recursos posibles.

Ejemplo de eficacia y eficiencia:

Imaginen que contratan a dos personas para
promocionar y vender sus productos. A las dos
personas les ponen como objetivo vender 100
productos.

Luego de un mes, ambos lograron su objetivo:
vendieron los 100 productos, solo que uno de ellos, el
vendedor "A", para alcanzar su objetivo invirtió 100

dólares en publicidad y el vendedor "B" invirtió 50 dólares.

Entonces, ambos fueron eficaces: alcanzaron su objetivo de vender 100 productos, pero el vendedor "B" fue mucho más eficiente, porque lo logró invirtiendo o gastando la mitad que el vendedor "A" (El vendedor "B" gastó 50 dólares y el vendedor "A" gastó 100 dólares).

Pero hay un dato adicional, que vincula la planificación, la eficacia y la eficiencia: si tenemos bien claro a dónde queremos llegar, qué objetivo queremos conseguir y somos eficientes, lograremos cualquier cosa que nos propongamos.

En el libro "los 7 hábitos de la gente altamente eficiente", Stephen Covey dice: "Podemos ser eficientes, pero sólo seremos también verdaderamente efectivos cuando empecemos con un fin en mente" y esto no es otra cosa que tener los objetivos, el resultado de la planificación siempre presente cuando actuamos, cuando hacemos algo.

Una vez finalizada la etapa de planificación, vamos a
pasar a la segunda etapa del proceso administrativo:

2. Organización

"Organizar es dotar de los elementos necesarios para que funcione la cosa" decía Henry Fayol.

La etapa uno del proceso de administración fue la planificación. Ahora tenemos que lograr realizar todo lo que planificamos.

La función organizar implica establecer relaciones de autoridad y medidas para coordinar esfuerzos.

Los esfuerzos que se realizan al organizar quedan reunidos en lo que se denomina estructura organizacional y en los procedimientos administrativos.

En esta etapa se establecen los puestos y se los describe. Se establecen formas de trabajar, procedimientos y procesos. Se regula la conducta.

A su vez, dentro de esta etapa, encontramos distintas funciones que debemos realizar como empresa u organización:

- La función comercial
- La función producción u operaciones
- La función recursos humanos
- La función finanzas

Función comercial

La comercialización es un mecanismo social por medio del cual los seres humanos buscan satisfacer sus necesidades de manera indirecta, intentando crear valor para terceros e intercambiándolo por valor para sí mismos.

El valor no resulta sólo de las características del producto sino también de otros aspectos como el momento, el lugar o la información que pueda ser comunicada, por ello, las empresas no ofrecen productos si no "mezclas comerciales".

*Una **mezcla comercial** nunca será adecuada para todos los consumidores, sino solo para un conjunto*

*específico de consumidores que compartan determinadas características, y si se
apunta a más de un conjunto de personas, deberá ofrecerse más de una mezcla comercial.*

El objetivo de la comercialización es que, en el momento y lugar en que pueda surgir una necesidad, exista un producto o servicio susceptible de ser visualizado como apto para satisfacerla, a un precio considerado razonable. (3)

Mediante la función comercial la organización intentará alcanzar sus objetivos comerciales que podrán ser ventas, suscripciones, votos, donaciones, etc.

Y muy vinculado a la función comercial está el marketing.

El marketing armoniza los productos y servicios con las necesidades del cliente, especificando cuando se deberán vender los productos y fijando los precios.

El objetivo del marketing es que se produzca un intercambio que sea exitoso para ambas partes: que los consumidores obtengan un producto o servicio que satisfaga sus necesidades y que la empresa obtenga ganancias en este proceso.

El marketing tiene que ver básicamente con cómo nos conectamos o vinculamos con las personas para que decidan comprar nuestros productos.

Ninguna empresa vive de sus productos, vive de sus clientes y eso es algo que no debemos olvidar jamás.

Raquel Oberlander, en su libro "El AVC del Marketing Digital" decía que *"Todo el proceso del marketing digital consiste en atraer a personas, vincularlas con tu oferta y convertirlas en clientes y embajadores de marca"*

De hecho, el propio nombre del libro tiene que ver con eso: AVC = Atraer, Vincular y Convertir

Las "4C" del marketing digital según Pulsión Digital

Cliente: ¿Qué necesidades tiene? Nos debemos centrar en llenar un vacío en la vida del cliente con nuestro producto/servicio.

Costo: ¿Cuánto está dispuesto a pagar el cliente monetaria y emocionalmente? No es solo el precio, sino también todo aquello que le implica obtener el producto (tiempo, distancia, etc.).

Comodidad: ¿Dónde se encuentra más cómodo de adquirirlo? El producto tiene que ser rentable y lo más simple posible para no crear barreras a la hora de la obtención.

Conversación: ¿En qué medios desea recibir nuestras comunicaciones? ¿Redes? ¿Mail? ¿App de mensajería?

Las 4 P de la mercadotecnia

Producto: desde el punto de vista comercial un producto (o servicio) es un medio para ganar un cliente.

Precio: para el comprador el precio implica el sacrificio de consumo de otra cierta cantidad de bienes que podría haber adquirido con ese dinero.

Posición (distribución): conjunto de empresas que recorre un producto desde que abandona la fábrica hasta que llega al cliente.

Promoción: proceso mediante el cual la empresa comunica información al público de sus productos o servicios. (4)

Para vender, un aspecto clave va a ser el precio. Por eso, es importante pensar en cómo fijar esos precios.

Estrategias de fijación de precios

La forma en que los consumidores perciben el valor de los productos constituye un límite máximo.

Muchas veces, desde la óptica del cliente, sabemos "hasta cuánto" estamos dispuestos a pagar o esforzarnos (en tiempo, traslados, consultas, etc.) para adquirir un producto. Ese siempre va a ser el "precio máximo"

Los costos del producto establecen un límite mínimo, pues por debajo de ellos las utilidades se verán afectadas.

En el medio de estos dos límites, debería estar el precio de mi producto o servicio.

Conociendo estos topes (máximo y mínimo) vamos a presentar ahora seis estrategias para la fijación de precios:

1. Fijación de precios basada en el valor para el cliente: estimo cuánto vale mi producto o servicio para el cliente y fijo ese precio.

2. Fijación de precios basada en el costo + un margen: por ejemplo, si mi costo es $100, puedo decir que el precio será el costo + un 10%, y que el precio de venta entonces sea $110.

3. Fijación de precios basada en la competencia: fijar el precio en función del precio de productos similares en el mercado.

4. Fijación de precios para captar el nivel más alto del mercado: se fija un precio elevado para un nivel socioeconómico alto, vendiendo

en general un volumen bajo de productos pero que deberán ser muy rentables.

5. Fijación de precios de penetración de mercado: apunta a darse a conocer fijando un precio inicial bajo, buscando un menor margen, pero mayor volumen.

6. Fijación de precios de productos colectivos: se fija un precio menor a un conjunto de productos que la suma de los productos individuales. Con esta estrategia apuntamos a lograr mayor volumen de ventas de varios productos.

Función producción

En toda organización existe un conjunto de actividades orientadas a la generación del bien o servicio que ésta ofrece a la sociedad.

No importa la actividad o sector en que la organización se desempeñe, el impulso esencial es intentar resolver la satisfacción de algunas necesidades de los integrantes de la sociedad, creando y haciendo accesibles, bienes o servicios para ello.

La función producción u operaciones se ocupa de generar esos bienes o servicios para lo cual consume recursos, materiales y energía física y mental que se denominan insumos.

En este proceso, el resultado u output deberá tener a los ojos de los consumidores mayor valor que la suma de los valores de los recursos consumidos.

En la función producción tendremos que decidir

Producto: ¿Qué se producirá?

Capacidad: ¿Cuánto podrá producirse?

Inventarios: ¿Qué cantidad de productos y materias primas se mantendrá normalmente en la empresa?

Proceso: ¿cómo se producirá?

Calidad: ¿Cómo se mantendrán estables las características y atributos de los productos y servicios de la empresa? (5)

<u>El enfoque de las 3 "c" de la función producción:</u>

- **Cliente**: nuestro producto o servicio apunta a satisfacer una necesidad de los clientes

- **Costo**: el costo de producción de bienes o servicios nos condicionarán luego el precio de venta de los mismos

- **Calidad**: la calidad será clave para que los clientes nos vuelvan a elegir o nos recomienden

En esta etapa, hay algo que tenemos que tener muy presente y es: **crear siempre los productos o servicios pensando en el cliente**. La creación de productos nunca puede estar enfocada en la empresa u organización, si no en el cliente.

Además, tendremos el desafío de estar constantemente innovando, lanzando al mercado nuevos productos o servicios para diferenciarnos de la competencia, para que los clientes nos sigan eligiendo una y otra vez.

Dependiendo de la industria o el sector en el que la empresa u organización se desarrolle, la presión por innovar y lanzar nuevos productos y servicios al mercado será mayor o menor.

Por ejemplo: todo lo que es tecnología requiere muchísima innovación. Piensen en los teléfonos celulares o los computadores. Este tipo de productos cada vez ofrecen mayores prestaciones en menos tiempo.

La gerencia de producción de una empresa de tecnología estará enfocada, siempre, en ofrecer más prestaciones al usuario y más rápido.

En otras industrias puede que la innovación no sea tan importante. Un ejemplo que se usa mucho desde la óptica de producto es el de las lapiceras o bolígrafos "Bic".

Se dice por ahí que es casi el mismo producto que se vende desde 1945, porque el producto es bueno.

Incluso en un caso como el de las lapiceras "Bic", la gerencia de producción seguramente tenga que trabajar arduamente en lanzar nuevos productos al mercado, como por ejemplo lapiceras de colores, lápices, corrector o productos similares.

Producto principal y producto cautivo

Dentro de la función producción hay un caso que siempre vale la pena analizar y es el de los productos principales y los productos cautivos.

El producto cautivo es un producto que se vende separado del producto principal y que se necesita para que el producto principal funcione.

Dos ejemplos de productos principales y productos cautivos:

Las impresoras y los cartuchos: en muchos casos, las impresoras se venden por debajo de su costo, a precios muy bajos y lo opuesto pasa con los cartuchos, que se venden a precios bastante elevados.

Mientras escribo estas líneas busqué en Amazon: una impresora cuesta 45€ y sus cartuchos 20€.

Otro ejemplo pueden ser las máquinas de afeitar y las hojas de afeitar.

El producto principal es la máquina de afeitar y su producto accesorio las hojas de afeitar.

Atributos de los productos

Todos nuestros productos o servicios tienen que tener al menos un atributo, que satisfaga las necesidades de nuestros clientes mejor que la competencia.

Para clarificar esto, veamos algunos ejemplos.

Las crocs:

Muchas personas decían que eran feas. Pero a los médicos y los chefs les encantaban porque eran cómodas y fáciles de limpiar.

Ahora venden 150 millones de pares al año.

Lego fabrica juguetes de plástico con un diferencial: cada ladrillo encaja con todos los demás.

La personalización de los productos

Cada vez más las personas queremos productos únicos, productos que nos diferencien de los demás. Y este es un factor clave para las empresas. Muchas veces personalizar los productos puede ser la clave para vender más.

Un ejemplo de eso fue lo que pasó con Coca Cola. Tras varios años de caída en sus ventas, Coca Cola logró aumentar sus ventas cambiando su logo por nombres en las etiquetas de sus botellas.

También Nike entendió la importancia de la personalización de sus productos, creando "Nike by you", una página web donde tú puedes personalizar tu calzado.

Tecnología

Hablar de producción de bienes y servicios, de empresas u organizaciones y no hablar de tecnología parece poco razonable.

A lo largo de la historia la tecnología permitió producir más cantidad de productos a menores precios, mejorando así la calidad de vida de las personas

Como la tecnología cambió nuestra vida a lo largo del tiempo

Año 500.000 AC: El fuego permitió calentarse, iluminar y cocinar entre otras cosas.

Año 3.500 AC: La rueda permitió transportar y movilizar a las personas y a los bienes de forma mucho más rápida y simple.

Luego vinieron el arado, la pólvora, la imprenta, las máquinas de vapor, el telégrafo y el teléfono, la energía eléctrica, etc.

Cada vez los cambios son más rápidos y disruptivos.

Piensen en los aviones, las computadoras, el internet, las impresoras 3D, etc.

En el siglo 21, el recurso organizacional más importante es el conocimiento.

Las organizaciones buscan a las personas por sus conocimientos y experiencias.

Y por esa misma razón, es que vamos a hablar sobre las personas o lo que tradicionalmente se llamó recursos humanos (hoy renombrado en muchas empresas u organizaciones en "Capital Humano", "Área de personas" o similar).

Función Recursos Humanos (RRHH)

Se puede identificar el concepto de recursos humanos con el conjunto de personas que contribuyen a la realización de las actividades de una empresa u organización, recibiendo normalmente por el servicio que prestan algún tipo de retribución, por lo general en dinero (en la mayoría de los casos el sueldo o salario).

Todos los recursos que utilizan las organizaciones deben gestionarse con eficacia y eficiencia.

Los recursos humanos no son una excepción, aunque sí presentan particularidades; el factor "humano" obliga a considerar otros elementos: aspectos morales, éticos, psicológicos, culturales y sociales.

No podemos separar el trabajo de nuestra vida. Los problemas familiares o personales que tengamos nos van a afectar en nuestro desempeño laboral.

Esto va a implicar que nos involucremos en los problemas, preocupaciones y necesidades cotidianas de los empleados.

La gestión de los recursos humanos no constituye un fin en sí mismo, sino un medio para alcanzar la eficacia y eficiencia de las organizaciones a través del trabajo de las personas y para establecer condiciones que les permitan conseguir los objetivos individuales.

Los recursos humanos son el elemento que puede
hacer la verdadera diferencia, el creador, el
responsable de los aciertos o de los errores.

La función recursos humanos de una organización es
aquella cuyas actividades tienen por finalidad
promover la incorporación, el desarrollo y la
utilización del potencial humano en forma consciente
con las estrategias de la organización.

Peter Drucker señala que la distribución de cargos es
quizás el elemento más importante de la
administración de personas. Colocar a las personas
en el lugar en que sus cualidades sean productivas es
la manera de asegurar la optimización de los recursos
humanos.

Esto es lo más parecido a un equipo deportivo:
tenemos que colocar a cada jugador en el lugar donde
mejor se desempeñe, para lograr así, entre todos, los
mejores resultados.

El diseño del sistema debe procurar un equilibrio
entre el aporte (lo que cada persona haga), la

retribución (en general, lo que le paguemos a cada persona) y la capacidad de cada individuo.

Cuidado con:

Rodearse de amistades peligrosas: en cualquier trabajo tienen que quedar claras las decisiones y responsabilidades.

Usar la empresa como una ONG: hay que rodearse de los mejores talentos. Los amigos y el trabajo no van bien

Si nos enfocamos en la actividad de una Gerencia o Jefatura Recursos Humanos, encontramos con tres grandes procesos:

1. La Planeación de los Recursos Humanos.
2. La Orientación de los Recursos Humanos
3. La gestión del desempeño.

1. La Planeación de los Recursos Humanos: es el proceso por el que se asegura poseer el número y el tipo correcto de funcionarios, en los lugares adecuados, en el momento oportuno y que tengan la

capacidad de desempeñar las tareas asignadas de
manera eficiente y eficaz.

2. La Orientación de los Recursos Humanos: tiene
que ver con el foco que quiere tener la organización y
la cultura organizacional que queremos tener.

3. La Gestión del Desempeño: en cada cosa que
hagamos, será fundamental medir los resultados. Eso
aplica también y de manera cada vez más importante
para las personas. Con cada colaborador tendremos
que tener evaluaciones mensuales, anuales,
devoluciones sobre desempeño, etc.

Las evaluaciones de los empleados permitirán
conocer en el momento necesario a quién darle
preferencia a la hora de los ascensos, a quienes
rechazar en los períodos de prueba, que trabajadores
pueden seleccionarse para que ocupen los puestos
de confianza, etc.

Si pensamos en la gestión de los recursos humanos,
tenemos que considerar que toda la organización
comparte la responsabilidad de la gestión de los
recursos humanos.

Desde el directorio hasta cada jefe o gerente
gestionan cada día recursos humanos.

Los mejores profesionales de recursos humanos
dedican tiempo a la relación personal para escuchar a
los empleados y ayudarles a sentirse parte de un
equipo.

Para que las jefaturas actúen de modo uniforme o de
acuerdo con un patrón, se necesita un órgano que les
proporcione la orientación estandarizada, las normas,
reglas y reglamentos acerca de cómo administrar a
los empleados. Ese órgano será el de recursos
humanos.

Descripción del cargo

La descripción del cargo es una descripción por
escrito de las tareas que se realizan en un
determinado cargo.

Incluye:
- Denominación del cargo
- Objetivos

- Relaciones jerárquicas
- Tareas

Especificación del cargo

La especificación del cargo es la declaración de las calificaciones mínimas que una persona debe tener para desempeñar con éxito un cargo determinado.

Incluye:
- conocimientos o formación
- experiencia anterior
- Características personales

Tanto la descripción del cargo como la especificación del cargo son documentos importantes y se toman como base a la hora de llevar a cabo el reclutamiento y selección del personal

Las jefaturas directas tienen la responsabilidad de decidir qué tipo de capacitación necesitan los empleados, cuando la requieren y como debe ser esa capacitación.

Tendencias en Recursos Humanos:

- Transformación digital
- Espacios de trabajo cloud y remotos
- Gestión basada en equipos autogestionados
- Aumento de los contratos freelance y por proyectos

La función recursos humanos y las redes sociales

56% de los reclutadores echa un vistazo a las redes sociales del candidato antes de contratarlo. Las que se revisan con mayor frecuencia son Facebook y LinkedIn.

3 de cada 10 empresas han indicado que han descartado algún candidato a un empleo solo por el contenido que había en sus redes sociales.

Función finanzas

La función finanzas tiene que ver con las decisiones de inversión, de financiamiento, con la presentación e interpretación de los balances contables de la empresa, etc.

La función finanzas pasa desde la decisión de vender a crédito hasta cuanta materia prima comprar, las negociaciones de plazos de pago, etc.

La función finanzas definirá las estrategias de adquisición de capital, asignación de capital de trabajo y distribución de dividendos.

Incluye también la definición de diferentes formas de crecimiento, como ser: reinversión de utilidades, endeudamiento, crecimiento por otorgamiento de franquicias o licencias, incorporación de nuevos socios, etc.

La función finanzas definirá las decisiones de distribución de utilidades.

Recordemos siempre que las empresas que pagan buenos dividendos son atractivas para los inversores.

El presupuesto

Dentro de la función finanzas, una herramienta clave será el presupuesto.

El presupuesto:
- Facilita la fijación de objetivos de corto, mediano y largo plazo en todos los sectores de la empresa
- Asigna prioridad a la hora de asignar recursos
- Ayuda a identificar oportunidades de mejora
- Sirve para tomar decisiones coherentes
- Determina los importes de dinero necesarios de capital operativo y fondo de emergencia

"El presupuesto es una herramienta para decirle a tu dinero a donde ir, en lugar de preguntarte al final del mes a dónde se fue"

3. Estructura organizacional

Una vez definido qué es lo que queremos lograr (lo vimos en el capítulo 1 con "planificación") qué tareas se llevarán a cabo y quiénes las realizarán (lo vimos en el capítulo 2 con "organización"), es necesario agrupar las actividades laborales comunes para que el trabajo se realice de manera coordinada e integrada

Establecer la estructura organizacional implica

- División de trabajo y departamentalización: Dividir el a realizar en tareas específicas
- Delegación de autoridad: Asignar tareas y responsabilidades asociadas con puestos trabajo
- Establecer métodos de coordinación y control

La estructura organizacional que se defina tiene que tener una estrecha relación con los objetivos organizacionales.

DEPARTAMENTALIZACIÓN

La departamentalización es la forma en que se agrupan los puestos.

El resultado de la departamentalización será el organigrama.

Las organizaciones utilizan el organigrama para representar gráficamente la estructura formal. El mismo debe seguir una lógica que contribuya al logro de los objetivos organizacionales.

El organigrama

El organigrama representa la estructura de una organización y en el mismo se indican las jerarquías organización.

Cada órgano tiene una autoridad asignada y también responsabilidad.

Cada órgano fijará sus propios objetivos derivados de los organizacionales, que contribuirán al logro de estos.

El resultado del proceso es una red jerárquica e integrada de objetivos que orientan la acción de la organización en la dirección de los objetivos organizacionales propuestos.

CADENA DE MANDO

La cadena de mando es la línea autoridad que se extiende los niveles más altos organización hacia bajos, lo cual especifica quién le reporta a quién.

- **Autoridad**: La autoridad se refiere a los derechos inherentes de una posición para decirle a la gente qué hacer y esperar que lo haga.

- **Responsabilidad**: cuando una persona recibe una orden, esa persona asume la obligación de la tarea asignada. Esa obligación es una responsabilidad, que siempre mantendrá bajo la dirección de su líder.

- **Unidad de mando**: establece que una persona debe reportarle solo a un gerente.

Sin autoridad, un administrador deja de ser gerente, porque no puede hacer que sus políticas sean llevadas a cabo por otros.

Según Henri Fayol, *"La autoridad es el derecho a dar órdenes y poder de exigir obediencia."*

AUTORIDAD

Cada empleado es responsable de la tarea que tiene asignada. Se supone debe completar el trabajo de acuerdo con las expectativas e informar a su superior en consecuencia.

La rendición de cuentas es la obligación creada para el uso de la autoridad.

Cuando la autoridad se delega a un subordinado, la persona es responsable ante el superior por el rendimiento en relación con las funciones asignadas.

Si el subordinado hace trabajo pobre, no puede evadir su responsabilidad al afirmar que salió mal por culpa del subordinado.

Un jefe normalmente es responsable de todas acciones de los grupos bajo su supervisión, incluso si hay varias capas bajo su jerarquía.

RESPONSABILIDAD

La responsabilidad está en forma de obligación permanente. No se puede delegar. La persona que acepta es responsable por la realización de las funciones asignadas.

Según el principio de autoridad de Henri Fayol: "la autoridad se delega y la responsabilidad se comparte".

AUTORIDAD - RESPONSABILIDAD

Responsabilidad y Autoridad están fuertemente relacionadas ya que a toda persona se le debe delegar la autoridad adecuada para poder cumplir con las responsabilidades que le fueron asignadas.

Existe una relación entre ambos conceptos por dos razones:

I) En primer lugar, si a una persona se le da algo de responsabilidad sin autoridad suficiente no podrá desempeñarse correctamente.

II) En segundo lugar, si hay un exceso de la autoridad delegada para un individuo sin cumplir ninguna responsabilidad entonces se corre riesgo que haga mal uso de dicha autoridad.

4. Dirección

Es una función importante ya que involucra a la gente de una organización. Sin embargo, precisamente porque involucra a personas, puede ser muy desafiante. Administrar personal de manera exitosa requiere entender sus actitudes, comportamientos, personalidades, motivación, etcétera.

Además, se necesitan líneas de comunicación efectivas y eficientes. En ocasiones, es sumamente complicado entender cómo se comportan las personas y por qué hacen tal o cual cosa. (6)

"Se puede contar con los servicios simplemente técnicos de ingenieros, contadores, arquitectos o cualquier otro profesional, por un salario fijo. Pero el hombre que dispone de conocimientos técnicos más la habilidad de expresar sus ideas, para asumir la dirección, y para despertar entusiasmo entre los

demás, esa persona tiene posibilidades de aumentar indefinidamente sus ingresos" (7)

Además, la función dirección plantea un problema clave, de intereses opuestos que se sintetiza muy bien en la siguiente frase:

"Existe otra espantosa teoría en gestión empresarial que expresa "Los empleados trabajan lo suficientemente arduo como para que no los despidan, y los dueños pagan apenas lo suficiente como para que los empleados no renuncien" (8)

La dirección y su importancia

Si bien es cierto que todas las etapas del proceso administrativo revisten igual importancia, es en la dirección donde se realiza todo lo planeado y se ejecutan propiamente todos los elementos de la administración, a tal grado que en muchas ocasiones se confunden los conceptos de administrar y dirigir.

Así, en inglés se utiliza el término management para referirse indistintamente a la dirección o a la administración. De hecho, al dirigir se aplican todas las etapas del proceso administrativo y el éxito de cualquier empresa se deriva en gran parte de una acertada dirección. (9)

Gestionar equipos es gestionar emociones

"Las emociones importan y mucho. Los seres humanos nos movemos a base de combustible emocional. Nos entusiasman los logros, el reconocimiento y las imágenes positivas del futuro. Pero también nos afectan los fracasos y las malas noticias." (10)

Sobre los jefes:

"Una parte importante del trabajo del jefe es lograr que cada miembro de su equipo entienda la relevancia de su tarea." (11)

Buenos y malos jefes

Los buenos jefes nos servirán como ejemplo de cómo gestionar a las personas.

Un buen jefe tiene que poder identificar lo bueno de cada persona, su equipo y potenciarlo.

Los malos jefes nos aportan, porque muestran lo que no hay hacer. Será entonces fundamental, que como jefes con nuestros equipos, no hagamos eso que no nos gusta que nos hagan nuestros jefes.

<u>Se felicita en público y se corrige en privado.</u>

Como jefe o como líder, vamos a tener dos tareas fundamentales. Una: corregir. La otra: felicitar.

En ambos casos tendremos que tener tacto para lograr que lo que queramos transmitir llegue bien a la persona y por ello, la recomendación siempre es felicitar en público, por el efecto motivacional que esto tiene en la persona felicitada, por la alegría del reconocimiento, de saber que está haciendo las cosas bien y por el efecto contagio que puede generar en el equipo.

El otro aspecto es la corrección en privado. A nadie le gusta que le digan que está haciendo las cosas mal. Incluso nunca sabemos cómo puede reaccionar la persona que le vamos a hacer la corrección. Por eso es clave que la charla de corrección sea en privado.

Y ambos aspectos, tanto los buenos como los malos es importante hablarlos.

Porque si no le decís a alguien que está haciendo algo bien, puede que deje de hacerlo. Y eso es algo que como líderes nunca vamos a querer.

Y, por otro lado, no corregir a alguien que está haciendo las cosas mal puede ser muy malo para el equipo. Se dice que "ser bueno con los malos es ser malo con los buenos".

Ejemplo:

Imaginen que estamos liderando un equipo de tres personas. Dos de ellos llegan siempre en hora y el tercero siempre llega tarde.

Si no hablamos con el que siempre llega tarde y corregimos esa conducta, puede que los otros dos sientan que "no vale la pena llegar en hora" y empiecen a llegar tarde también.

Incluso, imaginemos que de estas tres personas, una es muy ordenada, siempre se toma el tiempo para dejar su escritorio ordenado, guardar todos los materiales y limpiar su oficina antes de irse. Los otros dos no lo hacen.

Si no le reconocemos a aquel que es ordenado, que se toma un tiempo adicional para hacer las cosas mejor, puede que deje de hacerlo. Incluso, al reconocerle al que hace las cosas bien su comportamiento positivo, es muy probable que los demás al ver el reconocimiento lo imiten.

Delegación:

Uno de los trabajos más importantes de un jefe es potenciar a miembros de su equipo. Para ello será clave delegarles responsabilidades. Darles la posibilidad de tomar decisiones y hacer cosas por sí mismos.

Hay un viejo dicho que dice:

*Si el problema es mediano, lo solucionan y me avisan.
Si el problema es grande vienen y me proponen una
solución*

Toma de decisiones

La toma de decisiones es de gran importancia porque
tiene repercusiones internas en la empresa en cuanto
a las utilidades, el producto y el personal.

Las decisiones que tomemos también tendrán
repercusiones externas ya que influye en
proveedores, clientes, entorno, economía, etc.

Toma de decisiones racionales

En este contexto, es imprescindible que la toma de
decisiones se fundamente en un proceso lógico y
racional y una serie de técnicas que permitan evaluar
objetivamente el entorno.

Cuánto más objetiva sea la decisión que tomemos,
cuantos más argumentos lógicos tengamos para esa

decisión, siempre nos será más fácil justificar porque tomamos esa decisión y asegurarnos de que la decisión sea correcta.

Comunicación

Una vez que tomamos una decisión tenemos que comunicarla.

La comunicación en una organización comprende múltiples interacciones que abarcan desde las conversaciones telefónicas informales, mensajes por WhatsApp, mails, publicaciones en redes sociales, carteleras internas, etc.

Para ejecutar el trabajo se requieren sistemas de comunicación eficaces.

Será clave que utilicemos el medio de comunicación más eficaz para el objetivo buscado en el momento adecuado.

Cualquier información confusa origina errores, que disminuyen el rendimiento en el trabajo, genera confusiones, pérdidas de tiempo y dinero que van en detrimento del logro de los objetivos.

Comunicación no verbal

Pero la comunicación no es solo lo que escribimos o lo que decimos.

La comunicación no verbal juega un papel crucial, tanto en entornos remotos como presenciales o híbridos.

Tu postura, tu energía, entusiasmo, la forma en la que nos vestimos, peinamos, el tono de voz, etc. pueden transformar completamente la recepción del mensaje.

Formas de dar órdenes

1. Mandato
2. Instrucción
3. Petición
4. Sugerencia
5. Información compartida

Características de las órdenes

1. Posibilidad de Cumplimiento
2. Compatibilidad con los objetivos
3. Ser emitida en tono adecuado
4. Tener claramente un tiempo de ejecución
5. Explicitación de razones
6. Que el receptor tenga la capacidad intelectual y física para cumplirla

Formas de dirección

La función dirección puede ser llevada a cabo de dos formas:

1. **Mandando:** haciendo uso de la autoridad

2. **Liderando:** motivando al individuo, influenciando su comportamiento por razones de lógica, de coparticipación o de ascendencia personal.

Modernamente se ha ido sustituyendo la dirección por mando por la dirección por liderazgo.

Principios de dirección

- Unidad de mando: Cada subordinado debe
responder ante un solo supervisor
- Técnica de dirección apropiada: según las
circunstancias y características de los subordinados.
- Comunicación: Importancia del rol de centro de
comunicación.
- Uso estratégico de la organización informal: valerse
de ella para el logro de sus objetivos

Estilos de dirección

Un estilo de dirección es la forma actuar o la manera
de comportarse del dirigente en organización cuando
ejerce su función directiva, entre los directores con su
equipo.

Autocrática (Autoritaria): El jefe autocrático
funda su acción en la creencia de que la
posición ocupada le otorga poder indiscutible.
Da instrucciones detalladas, formalizadas y
sin margen de decisión al subordinado.

Participativa (Consultativa): Esta forma de dirigir se caracteriza por la consulta con el subordinado antes tomar decisión o dar instrucción alguna.

Libertad de Acción (Laissez-faire): La base es la libertad. La idea es fomentar la puesta en práctica de iniciativas e ideas de los integrantes del grupo de trabajo por ellos mismos sin casi evaluación ni cuestionamientos del jefe directo.

Factores que determinan el modelo directivo

- El equipo y sus características
- Las características del propio director, jefe o líder.
- El ambiente organizacional y su cultura directiva.
- La urgencia de la situación y disponibilidad de información y tiempo.

El trabajo de redes o el networking empresarial:

"Si quieres un año de prosperidad, cultiva arroz. Si quieres 10 años de prosperidad, cultiva árboles. Si quieres 100 años de prosperidad, cultiva personas"

Proverbio chino

El networking:

Es el establecimiento de una red profesional de contactos que nos permite darnos a conocer y a nuestro negocio, escuchar y aprender de los demás, encontrar posibles colaboradores, socios o inversores.

Hacer networking no es más que ampliar nuestra red de contactos profesionales.

En muchas ocasiones, los nuevos contactos derivan en nuevos clientes, proveedores y/o oportunidades de negocio.

Marca Personal

¿Alguna vez te hiciste estas preguntas?:

¿Cómo me definen los demás?
¿Cómo me perciben en mi entorno laboral?
¿Cómo puedo destacarme de otros profesionales?

La respuesta está en tu marca personal

"Tu marca personal es lo que dicen de ti cuando no estás presente", dijo Jeff Bezos, CEO de Amazon.

Es la huella que dejamos en el otro: abarca desde nuestra personalidad hasta nuestra apariencia y la forma en la que nos comunicamos.

Va más allá de las habilidades técnicas que tengas.

Liderazgo

*"El líder es una persona que logra en un grupo influir en los demás en mayor proporción que cualquier otro"
(12)*

Liderazgo es un proceso de guiar a un grupo e influir en él para que alcance sus metas

El líder logra que la persona haga las cosas por voluntad propia, por convicción y con ganas.

El líder tiene influencia organizativa: logra que la conducta de los demás se ajuste al logro de los objetivos perseguidos mediante el convencimiento.

El líder tiene un doble rol:

Por un lado, debe elaborar una estrategia para alcanzar los objetivos.

Luego, tendrá que comunicar esa estrategia a su equipo.

Los líderes dentro de las organizaciones hacen que las cosas sucedan. Pero, ¿Qué hace a los líderes diferentes de los no líderes? ¿Cuál es el estilo de liderazgo más apropiado? (13)

Distintos tipos de líderes:

- Los líderes formales o con autoridad
- Los líderes informales

- Los líderes positivos y los líderes negativos

El liderazgo, como fenómeno, no tiene connotaciones éticas, está presente tanto en organizaciones cuyos fines son sociales o altruistas como en organizaciones delictivas.

Si tienen dudas de esto los invito a leer el libro "aprenda de la mafia", de Louis Ferrante que cuenta y explica cómo funciona, justamente, el liderazgo dentro de la mafia, con sus propios códigos y características particulares.

Características de los líderes según la consultora "First people consulting":

Un líder logra accionar los talentos del equipo cuando despliega estrategias con base en 3 ejes principales:

(1) identifica y moviliza las motivaciones de cada liderado(a),
 (2) potencia las fortalezas del equipo y
 (3) entrega desafíos alineados a la gran preocupación final del equipo (objetivos estratégicos alineados a las responsabilidades).

Hace unos días vi un post en LinkedIn de Alejandro Melamed sobre "Mentalidad de líder" y no puedo estar más de acuerdo.

Él escribía:

En la mentalidad de crecimiento el error es considerado una oportunidad, la crítica es un insumo constructivo y los retos se interpretan como una invitación para crecer

En este mismo sentido, Peter Drucker decía: "Los líderes se concentran en las OPORTUNIDADES, en vez de los problemas".

Si quieren aprender sobre cultura y liderazgo, sin dudas les recomiendo leer el libro "Aquí no hay reglas" sobre Netflix y su cultura.

Aquí les dejo algunas frases del libro y mis comentarios al respecto:

"Lo que digamos como líderes es solo la mitad de la ecuación. Nuestros empleados también se fijan en lo que hacemos"

¿Qué quiere decir esto? Que, como líderes, mucho más que lo que digamos, lo que importa es lo que hagamos. Nuestros actos nos definen. Nuestro ejemplo va a ser el que va a contagiar.

El líder como el director técnico de un equipo y no como el padre de una familia.

"Somos un equipo no una familia"

- Tenemos que ser los mejores en nuestros puestos
- Tenemos que pensar en equipo y no individualmente
- Si no rendimos tenemos que aceptar críticas
- Si no rendimos nos van a despedir

El liderazgo y los millennials

¿Por qué preocuparnos por los millennials?

Porque según **Manpower group,** en el 2020 los millennials ya representan un 35% de la fuerza trabajo mundial

Diferencias entre los millennials y las generaciones anteriores según la consultora #AlwaysPeopleFirst

1. Están dispuestos a dejar su puesto cuando creen que el liderazgo no cumple con sus estándares

Cambian de trabajo con mucha más facilidad que sus predecesores, especialmente si el contexto laboral no les encaja, si sus tareas no se adecuan a su formación y, si también, si no les termina de encajar el papel del líder

2. Creen en la gestión horizontal

- Porque fomenta la comunicación
- Porque así se evitan capas y pasos administrativos a la hora de hacer su trabajo
- Porque hay más variables para crecer y progresar

3. Valoran más a los líderes que buscan "feedback" de sus equipos

Valoran la posibilidad de hablar con sus jefes y equipos sobre ideas, proyectos y hacerles sus comentarios "de igual a igual"

4. Promueven el cambio

Son una generación que cuestiona todo lo establecido.
Están más dispuestos a hacer cambios y ajustes.

5. Buscan y apoyan la flexibilidad laboral

Esta generación anhela alcanzar un equilibrio entre su vida laboral y personal.

Incluso, según Compass, para el 50% de los millennials, la flexibilidad es más importante que el sueldo

Liderazgo y Feedback

Cuando los empleados se sienten valorados, escuchados y apoyados, se implican más en su trabajo y se comprometen con los objetivos de su compañía

Feedback:

Debe partir de los objetivos establecidos y tener un plan de desarrollo para cada persona.

A partir de los objetivos la persona podrá saber qué se espera de el / ella y con esa base medirá desempeño.

Luego, se debe plantear claramente un plan de crecimiento y desarrollo que tiene que tener como base:

-    Una conversación sincera
-    Una conversación horizontal, sin jerarquías

- El líder tiene que saber hablar y escuchar
- Se tiene que dejar claro desde un primer momento: es un espacio para hablar sin miedo a represalias

Hay 2 tipos de feedback:

Retroalimentación positiva: destaca aspectos positivos y fortalezas del colaborador

Retroalimentación constructiva: marca aspectos a mejorar en el colaborador

Idealmente, una buena instancia de feedback debería de tener un poco de cada una

Según un informe de **Eagle Hill Consulting** sobre la retroalimentación en las empresas, el 87% de las personas encuestadas considera que recibir feedback regular es importante para su desarrollo profesional, y al mismo tiempo el 85% de los encuestados indicó sentirse valorado por el feedback constante que había recibido de su trabajo, independientemente de si este había sido positivo o negativo.

Motivación:

La motivación es una de las labores más importantes de la dirección, a la vez que la más compleja, pues por medio de esta se logra que los empleados ejecuten el trabajo con responsabilidad y agrado, de acuerdo con los estándares establecidos, además de que es posible obtener el compromiso y lealtad del factor humano. (14)

Líderes y gerentes

Liderar no es lo mismo que gerenciar. Mientras que al líder se le atribuye carisma, visión, capacidad de dirigir, el gerente es más visto como un asignador de recursos, un organizador.

Las tareas de los gerentes o jefes se vinculan más a una visión de corto plazo, enfocada en el logro de objetivos concretos, a la gestión y el control, en tanto que el liderazgo se asocia a una visión de largo plazo, al trabajo en equipo, el estímulo y la innovación, a inspirar una visión de éxito entre sus colaboradores.

Los líderes crean una visión y una estrategia inspiradora. Crean una cultura de pertenencia en torno a valores compartidos que ayudan a los colaboradores a crecer. Se orientan a inspirar y motivar a sus seguidores, basados en su poder personal. Actúan como entrenadores.

Mientras que los gerentes mantienen distancia emocional, los líderes utilizan sus conexiones emocionales para motivar e inspirar. Los líderes tienen alta capacidad comunicadora, son de mente abierta y poco conformistas, por contraste con los jefes que son conformistas y utilizan procedimientos y reglamentos para guiar. (15)

La diferencia entre un jefe y un líder, queda clara en esta frase:

"Habla con un jefe y verás lo importante que es. Habla con un líder y verás lo importante que eres"

- Joel Artigas - LinkedIn

Tuve un jefe que me decía qué hacer.

Tuve un líder que me preguntaba cómo lo haría yo y daba ideas.

Tuve un jefe que me marcaba las horas de entrada y salida.

Tuve un líder que buscaba resultados y no horas.

Tuve un jefe que quería llevarse el crédito.

Tuve un líder que apuntó una luz y me permitió brillar también.

Salario Emocional

El salario emocional puede definirse como todas aquellas retribuciones no económicas que un trabajador percibe con el fin de contribuir a que pueda satisfacer sus necesidades personales y familiares. Se articula a través de su carácter no monetario y de su efecto simbólico en calidad de vida y la productividad de las personas (16)

El salario emocional es subjetivo, ya que la percepción de dichos beneficios variará en función del trabajador.

Dependerá del momento en que se encuentre en su vida, los proyectos personales que tenga en mente, sus necesidades, etc.

Existe una correlación directa entre la felicidad de un trabajador y su productividad laboral, para alcanzar mayor productividad es indispensable que las personas estén comprometidas y motivadas, promover un buen clima laboral, estimular la creatividad y ofrecer beneficios especiales son claves para lograrlo.

Ejemplos:
- Horario flexible
- Horas libres por temas personales
- Teletrabajo
- Feedback constante
- Formación y capacitación

Habilidades blandas

Las habilidades o competencias blandas también son conocidas como competencias socioemocionales o transversales.

Las habilidades blandas son destrezas asociadas a la inteligencia emocional y a la capacidad que tiene un individuo para interactuar efectivamente a nivel personal y profesional. Algunos ejemplos son el liderazgo, la comunicación, la negociación, la formación, la motivación, la delegación, la toma de decisiones, la iniciativa y la innovación.

Algunos las llaman blandas, otros transversales, del siglo XXI o hasta habilidades para la vida.

Trabajo en equipo, compromiso, empatía, comunicación y asociaciones a la personalidad suelen surgir espontáneamente cuando hablamos de ellas. (17)

"En la Universidad de Harvard, investigaron a cinco mil personas despedidas de sus trabajos y descubrieron que el 90% de la gente no había sido despedida porque faltará capacidad, sino porque "no sabía llevarse bien con sus compañeros"" (18)

La inteligencia emocional

La inteligencia emocional en el trabajo es la capacidad de identificar, gestionar y comunicar las emociones o reacciones que puedan ocurrir entorno laboral.

5. Control

¿Por qué es importante el control?

 "Si los planes no se controlan, seguramente fracasen" - Peter Drucker

"El control puede definirse como el proceso de monitoreo de las actividades, para asegurarse que se cumplan tal como fueron planeadas y establecer en caso necesario las medidas de corrección a cualquier desviación importante." (19)

El control está sumamente relacionado con los objetivos organizacionales y por tanto, debe aplicarse en todos los niveles de la organización, ya que todos los niveles deben tener objetivos previamente definidos.

El control está fuertemente relacionado con los conceptos de eficacia y eficiencia.

Las organizaciones utilizan los procedimientos de control para asegurarse que avanzan en el sentido correcto hacia sus objetivos y de que están usando sus recursos de manera eficiente y eficaz.

Una de las razones por las que se requiere el control, es porque hasta el mejor de los planes puede fallar.

"Lo que no se define no se puede medir. Lo que no se mide, no se puede mejorar. Lo que no se mejora se degrada siempre"- William Thomson

LA IMPORTANCIA DEL CONTROL

CAMBIOS

Sirve como una alerta sobre posibles cambios que afecten a la organización.

DELEGACIÓN

Para estar seguro de que se está haciendo lo que se delegó.

ERRORES

Para detectar errores y evitar pérdidas mayores.

EL PROCESO DE CONTROL

1. Establecer un objetivo o determinar estándar

Cuanto más preciso sea, cuanto más se pueda cuantificar un estándar, mejor se podrá cumplir el control.

2. Medir el desempeño real

Debemos analizar en esta etapa como medimos y qué medimos.

3. Comparar el desempeño real con objetivo o estándar

Para llevar a cabo esta función se utilizan primordialmente los sistemas de información, por tanto, la efectividad de la medición dependerá directamente de la fiabilidad y exactitud de la información, que debe ser oportuna (a tiempo), confiable (exacta), válida, que mida realmente el fenómeno que intenta medir con unidades de medida apropiadas, y fluida (que se canalice por los canales de comunicación adecuados).

<u>*4. Corregir las desviaciones*</u>

Es la última etapa del control y es la que le da sentido a las anteriores. (20)

Con la medición el administrador puede decidir:
- No hacer nada
- Puede corregir el desempeño real
- Puede corregir el estándar.

Antes de iniciar la acción correctiva, es de vital importancia reconocer si la desviación es un síntoma o una causa, con la finalidad de que las medidas establecidas resuelvan el problema.

Un ejemplo frecuente de esta situación sucede cuando existe una disminución en las ventas que indica que no se han logrado los objetivos. Antes de implantar una medida correctiva es conveniente analizar si esta disminución se debe a la escasa calidad en el producto o a deficientes procesos mercadológicos, por ejemplo.

TIPOS DE CONTROL:

<u>Por el modo de operar:</u>

- **Sobre los resultados**: *la comparación del resultado obtenido con lo que se esperaba alcanzar.*
- **Automático**: *a medida que se van desarrollando las acciones, se va controlando. No se espera a obtener el resultado para controlar. Controlamos los procesos o resultados intermedios.*

<u>Por la continuidad:</u>

- **Continuo**: *cuando se efectúa sin interrupciones*
- **Periódico**: *cuando se verifica a intervalos*
- **Eventual**: *cuando se cumple solo en ciertas circunstancias.*

<u>Con relación al momento en el que se lleva a cabo:</u>

- **Preventivo**: *se da con anticipación a los hechos que se desean examinar.*

*- **Concomitante:** que implica la vigilancia en el mismo momento en que se desarrollan los hechos.*
*- **Posterior:** que ocurre cuando se confronta lo que se hizo con lo que debió hacerse. (21)*

CONTROL POR OPOSICIÓN DE INTERESES

Se basa en que ninguna parte de una organización tiene control absoluto sobre un determinado proceso. El proceso es fragmentado y asignado a dos sectores, permitiendo cruzar los intereses de las áreas involucradas.

Quien cobra no paga (riesgo de recibir dinero y gastarlo sin registrarlo).

Quien compra no recibe (riesgo de hacer compras artículos personales o para otros).

Licitaciones u obligación de solicitar más un presupuesto (riesgo contratar empresas "amigas" o recibir beneficios por a cierta empresa).

"EL MEJOR CONTROL ES EL QUE PERMITE PREVENIR QUE OCURRAN ERRORES, ES EL QUE SE

ANTICIPA Y TOMA LAS MEDIDAS PREVENTIVAS PARA EVITAR QUE DICHOS ERRORES APAREZCAN" (22)

LA IMPORTANCIA DEL CONTROL

Íntimamente ligado con la planeación, el control es la fase del proceso administrativo a través de la cual se evalúan los resultados obtenidos con relación a lo planeado con el objetivo de corregir desviaciones para reiniciar el proceso.

Lo ideal es saber elegir y utilizar las formas, técnicas y tipos de control que propicien la máxima satisfacción de los clientes, del personal, de la sociedad, del entorno y de los accionistas para cumplir la misión de la organización.

El control es de vital importancia dado que:

- Sirve para comprobar la efectividad de la gestión
- Promueve el aseguramiento de la calidad y la eficiencia
- Protección de los activos de la empresa
- Garantiza el cumplimiento de los planes

- Establece medidas para prevenir errores y reducir costos y tiempos
- A través de éste se detectan y analizan las causas que originan las desviaciones, para evitar que se repitan
- Es fundamento para el proceso de planeación (23)

Los costos del control
Cuando controlamos, al final lo que buscamos es evitar pérdidas o desvíos respecto de los planes.

Pero también es importante que tengamos en cuenta qué costos implican esos controles y cuánto gano y cuánto pierdo poniendo los controles o no teniendo controles y asumiendo el riesgo de perder.

Para explicar este concepto voy a poner un ejemplo:

Hace algunos años un amigo mío que tenía un supermercado (una tienda minorista o un comercio de barrio) me contactó para controlar su stock.
En los supermercados, los controles de stock se hacen en la noche una vez que el mismo está cerrado.

En este tipo de negocios, en general, se hacen controles de stock una vez por año a la fecha de cierre del balance contable.

Pero mi amigo me planteaba que pensaba que había un empleado que lo robaba, razón por la cual él quería hacer controles más seguido.

Entonces, definimos hacer un control mensual que implicaba contratar una persona que estuviera toda la noche contando cada uno de los productos que había en stock en el supermercado y chequeando el resultado de ese conteo con la información de la contabilidad.

Al cierre del primer mes descubrimos que un cliente le había robado una botella de refresco. Esa botella de refresco tenía un costo de 1€.

Revisamos las cámaras de seguridad del supermercado y logramos identificar al cliente que se había llevado el refresco sin pagar.

Era un cliente habitual del supermercado, por lo que la siguiente vez que vino a hacer las compras le

mostramos la grabación de la cámara, frente a lo cual
se disculpó y pagó 1€ que debía por ese refresco que
se había llevado sin pagar.

De esa forma, gracias al control efectuado,
recuperamos el euro que mi amigo había perdido.

Ahora: ¿Valió la pena el esfuerzo de ese control por
1€?

El costo de este control fue contratar una persona
para que pasara toda la noche contando los
productos. Nos cobró 100 €.

A eso hay que sumarle el tiempo mío y de mi amigo de
revisar las cámaras de seguridad. Supongamos que
serían 50 € más.

Quiere decir que el costo de este control fue de 150€
y lo que recuperamos fue 1€. A esto me refería con
los costos del control.

En este caso sin dudas conviene más asumir la
pérdida por pequeños robos o de algún faltante y
mantener los controles una vez por año o

esporádicamente. Es una línea muy delgada entre no tener controles y tener excesivos controles. El desafío es tener un sano equilibrio.

Finalizado lo que llamamos "El proceso administrativo", vamos a ver algunos temas adicionales, relacionados con la administración de empresas.

Cultura

Cada uno de nosotros tiene una personalidad única: rastros y características que influyen en la forma en que actuamos e interactuamos con los demás. Cuando describimos a alguien como cálido, abierto, relajado, tímido o agresivo, describimos los rasgos de su personalidad.

Una organización también tiene su personalidad y es lo que conocemos como su cultura.

La cultura organizacional se ha descrito como los valores, principios, tradiciones y formas de hacer las cosas que influyen en la forma en que actúan los miembros de la organización.

Esta definición de cultura implica tres cosas.

Primero, es una percepción. No es algo que pueda tocarse o verse físicamente, pero los empleados la perciben según lo que experimentan dentro de la organización.

Construcción de la cultura

En capítulos anteriores hice referencia al libro "no +
pálidas", de Enrique Baliño. Es uno de los libros que
leí más claros y con un ejemplo real sobre la cultura
organizacional.

En el libro, Enrique Baliño, que trabajó muchos años
en IBM dice que "Había liderado una organización que
ante las nuevas ideas, ante los desafíos ambiciosos,
tenía una tendencia a responder: "no se puede". Su
desafío fue, justamente, modificar esa cultura y lograr
cambiar ese paradigma.

111

En el libro hace referencia a que las palabras que usamos construyen nuestro mundo (Words build worlds).

Las palabras construyen y refuerzan actitudes y tienen una capacidad de contagio formidable, imposible de medir"

Por eso, cuando decimos "no se puede" o "si se puede", estamos construyendo nuestra propia realidad. Cuando en una empresa te dicen "es fácil", "es difícil", "vas a poder" o "no vas a poder", están construyendo su propia realidad.

Cultura de éxito:

Continuando con el libro "no + pálidas", de Enrique Baliño, según el autor, hay cuatro actitudes forman un puñado de factores que separan a las personas y organizaciones que tienen éxito a lo largo del tiempo de las que se estancan y se derrumban. Esas actitudes son:

1.   - Actitud positiva
2.   - Actitud de equipo

3.   - Actitud de mejora continua
4.   - Actitud de responsabilidad

Sobre los exitosos:

La cultura de éxito y los exitosos, son temas de los que se habla mucho en administración de empresas. Rodrigo Álvarez, en su podcast de Neurona Financiera, concretamente en el episodio 43, dice que "las personas que tienen éxito siempre se hacen responsables de aquello que les pasa"

Ejemplos de Cultura empresarial:

Hace un tiempo estaba en una clase y una alumna me puso un ejemplo de cultura empresarial que me encantó. Me dijo que a ella de mañana no le gustaba saludar con beso. A ella le gustaba llegar a su oficina, decir "buenos días" e instalarse a trabajar, pero que hacía poco había empezado a trabajar en un lugar, en el cual la mayoría de sus compañeros de trabajo trabajaban ahí hacía muchos años y que todos tenían la costumbre de llegar, saludar con beso y abrazo, charlar un rato y después empezar a trabajar.

Ella al principio, fiel a sus gustos y su costumbre, llegaba, decía "buenos días" y se iba a su oficina a trabajar.

Pero dijo que empezó a sentirse "un bicho raro". Sus compañeros de trabajo "la miraban raro" cuando llegaba y no saludaba con beso y abrazo ni se quedaba unos minutos charlando.

Contó en la clase, que casi "contra su voluntad" empezó a darles a todos beso y abrazo, a charlar un rato antes de empezar a trabajar y que empezó a notar que eso hacía que estuviera más integrada con sus nuevos compañeros de trabajo. Que desde que se "acopló" a la cultura organizacional, se sentía mucho más parte de la empresa y que todos la querían más.

Este ejemplo demuestra lo que genera la cultura empresarial. Son esas costumbres que casi sin querer la empresa nos lleva a adquirir.

Piensen: ¿Cuántas cosas hacen en sus oficinas "porque todos lo hacen así"? Desde la forma en que vamos vestidos a trabajar todos los días, la forma en que hacemos los pedidos a nuestros colegas, como lideramos o presentamos información en reuniones, etc.

Ejemplo de la cultura y las horas de trabajo

En uno de mis primeros trabajos tuve una jefa que había renunciado a una empresa que se dedicaba a liquidar impuestos y armar balances de empresas.

Ella era contadora y estaba trabajando de lo que había estudiado, pero nos contó que se fue porque en la empresa había una cultura de trabajo de muchas horas que ella no quería.

Según sus propias palabras, en la época de cierre de balances (cuando se acerca la fecha en la que hay que presentar los balances de las empresas al estado), era muy común quedarse hasta altas horas de la noche trabajando, para poder entregar todos los balances de todos los clientes en fecha.

Dice que un día se fue "temprano" (cerca de las 20 hs cuando su horario de trabajo era hasta las 18 hs) y al verla irse sus compañeros le "preguntaron" si estaba haciendo "horario maternal" (cuando las mujeres que

recién fueron madres trabajan medio horario) porque
se iba temprano.

Este es otro ejemplo de cultura organizacional. En esa
empresa era tan normal y estaban tan acostumbrados
a quedarse hasta tan tarde que les llamaba la
atención cuando alguien en plena zafra no se quedaba
hasta la madrugada.

Responsabilidad social empresarial (RSE)

¿Qué es la responsabilidad social empresarial?

La responsabilidad social de las empresas (RSE) trata sobre lo que hace la organización y como afecta a la sociedad en que existe.

Aunque no existe una única definición sobre la responsabilidad social empresarial, ésta generalmente se refiere a la visión de los negocios que incorpora el respeto por valores éticos, las personas, comunidades y medio ambiente.

Para profundizar en el tema, vamos a ver algunos argumentos a favor y en contra de la RSE:

A favor de la RSE:

Opinión pública: los clientes y la sociedad en general son partidarios de que las empresas se impongan metas sociales, más allá económicas.

Imagen: Las empresas realizan acciones de RSE para mejorar su imagen y vender más.

Costo/Beneficio: para las empresas el costo es muy bajo respecto del dinero que ganan o gastan.

Identificación de los colaboradores: es más probable que los colaboradores se sientan identificados con el fin de la empresa y orgullosos de pertenecer a ella si la misma se preocupa por la sociedad en su conjunto. Esto redundará en menor rotación personal (forma parte de los elementos del llamado "salario emocional").

En contra de la RSE:

Ganancias: No se maximiza la ganancia para el socio o accionista.

No es el propósito de la empresa: Distrae del objetivo principal de la empresa.

Costos: La RSE cuesta dinero que se podría destinar a salarios, inversiones, etc.

Carencia de habilidades: Los jefes y gerentes de las empresas cuentan con experiencia y formación en negocios, no en temas sociales.

La RSE en los últimos años:

En la última década, un gran número de empresas ha reconocido beneficios económicos provenientes de la incorporación de prácticas de RSE, pero también se han alentado a adoptar o expandir esfuerzos de RSE como resultado de la presión proveniente de los consumidores, de los proveedores, de la comunidad en general, de los inversionistas, de las organizaciones activistas y de otros stakeholders.

La inclusión de la RSE en gestión estratégica de la empresa, impulsa a trabajar un horizonte largo plazo, en el que se considera la reputación como un activo intangible e importante, y toma conciencia de que las

acciones de la empresa tienen impacto tanto dentro
como fuera de ella.

Según el estudio "La fuerza de nuestra determinación:
cómo las causas ambientales impactan nuestro
comportamiento", el 55% de los consumidores indicó
que la sostenibilidad es muy importante a la hora de
elegir una marca.

Los clientes y los usuarios en general, cada vez más
presionan a las empresas a ser sostenibles y
socialmente responsables, no solo con sus
decisiones de compra, sino también a través de las
redes sociales, presionando a los políticos a
promover leyes pro cuidado del medio ambiente y la
responsabilidad social, etc.

RSE y los clientes

"La asociación cristiana de dirigentes empresas y el
departamento de economía de la facultad de ciencias
sociales de la UdelaR, en acuerdo con el BID,
realizaron una encuesta de la cual se desprende que a
iguales precios y calidad, un 83% de la población opta
por marcas que son socialmente responsables"

Cambio

En este capítulo vamos a hablar sobre el cambio y específicamente sobre los cambios en los entornos que afectan a empresas y organizaciones.

En general en la vida todos tendemos a repetir lo que funciona, y eso parece razonable siempre y cuando el entorno se mantenga estable.
El mundo cambia y las organizaciones se ven obligadas a adaptarse para subsistir.

Charles Darwin hace ya muchos años dijo: *"No es la especie más fuerte ni la más inteligente la que sobrevive, sino la que tiene mejor y más rápida adaptación al cambio"*.

Las organizaciones tienen que ser buenas en el entorno actual pero también innovar y explorar nuevas realidades.

Creo que hasta acá todo lo dicho es obvio. Raquel Oberlander, en su libro "El AVC del marketing digital" escribía: "claro que es sencillo decir que hay que cambiar, lo complicado es determinar en qué dirección hacerlo".

La innovación genera incertidumbre, desconfianza e inseguridad. Para innovar hay que animarse a hacer cosas distintas, a explorar un mundo desconocido.

Pensar que porque algo nos salió bien o porque nos está yendo bien ahora, siempre nos va a ir bien, es muy peligroso.

La innovación, el cambio y el caso de Blockbuster y Netflix.

En el año 2.000, Reed Hastings, alquiló en Blockbuster la película "Apollo 13" y la devolvió tarde, por lo que tuvo que pagar una multa de 30€.

Primera aclaración: para los más jóvenes, antes las películas se veían en DVD o VHS y las personas las alquilaban en los "video clubs". Blockbuster, me animaría a decir, era la cadena de alquiler de VHS y DVD más grande del mundo.

Luego de pagar esa multa, Reed, el CEO de Netflix, tuvo la idea de crear un servicio de alquiler de películas mucho más flexible. Netflix originalmente era una página web donde los usuarios podían elegir entre varias películas para ver.

Netflix las enviaba por correo y no cobraba penalidad por devolverla tarde. Simplemente, no se podía alquilar una nueva película hasta no devolver la anterior. De esta forma se eliminaban las penalizaciones que cobraba blockbuster.

Reed Hastings estaba fundando una empresa basada en su experiencia como cliente.

Pero no todo fue color de rosas para Reed. Luego de sus inicios, Netflix acumulaba pérdidas por más de 80 millones de dólares. No lograba rentabilizar su negocio. Luego de varios pedidos, logró una reunión con el CEO de Blockbuster, para ofrecerle venderle su negocio a cambio de que se hicieran cargo de la deuda.

La historia es digna de una película. Al ingresar a la reunión, el lujo de las oficinas de blockbuster contrastaba con la humildad y necesidad de Reed. Al escuchar la propuesta en Blockbuster se rieron y Netflix tuvo que ingeniárselas para sobrevivir.

Recién en el año 2004, cuando Netflix se transformó en una plataforma de streaming, la historia cambió.

Netflix logró rentabilizar el negocio, adquiriendo una gran cantidad de suscriptores y blockbuster quebró.

¿Cuál es el aprendizaje que nos deja esta historia?

Lo que hagamos hoy no nos asegura el éxito en el futuro. Aunque estemos en la cima, aunque seamos líderes de mercado, tenemos que siempre estar pensando en el paso siguiente.

El cambio está en todos lados

El cambio no es solo en la forma de hacer negocios.

Piensen en todos los cambios que vivimos en los últimos años: la globalización y el comercio internacional, las nuevas formas de educación (la educación virtual), el home office, los trabajos

freelance, las nuevas formas de ganar dinero (desde
Influencers, youtubers, traders, criptomonedas, etc).
La lista es larguísima y cada día más larga.

Lo importante es nunca perder de vista que lo único
constante es el cambio y que como personas y dentro
de las organizaciones tenemos la obligación y el
desafío de innovar constante y permanentemente.

Crisis

Todas las empresas a lo largo de su historia se enfrentan a distintos tipos de crisis.

Entre las crisis más comunes podemos encontrar:
- Crisis económicas que afectan a nuestros clientes y hacen que disminuyan las ventas.
- Catástrofes climáticas: el cambio climático es una realidad. Cada vez las sequías, inundaciones, tormentas son más severas. En algunos países son una realidad.
- Crisis de escasez: falta de materias primas o productos.
- Crisis políticas: por cambios de gobiernos, dictaduras o similares.

El ejemplo más reciente e inesperado, sin dudas debe ser la crisis del COVID19.

Incluso, cada vez son más comunes las crisis de ciberseguridad: los hackers que roban páginas web,

bases de datos, clonan redes sociales o se hacen
pasar por nosotros.

Nada de esto vamos a poder evitar, lo que sí podemos
y siempre tenemos que intentar hacer, es tener
planes, actuar y anticiparse para mitigar los efectos
de la crisis.

Ejemplos de planes contra las crisis pueden ser la
contratación de expertos en ciberseguridad, los
planes de expansión en cuanto a mercados o buscar
nunca depender de un único cliente principal, planes
de continuidad del negocio en época de crisis, etc.

Nuevamente: ninguno de estos planes nos va a
asegurar que la crisis no nos va a golpear o no nos va a
llegar. Lo importante es intentar estar lo más
preparados posible para la crisis.

Administración de empresas familiares

En este apartado vamos a hablar sobre empresas familiares, dado que las mismas presentan algunas características particulares que las diferencian de la empresa "tradicional".

La primera característica que diferencia a la empresa familiar de la "tradicional", es que la **propiedad** de la empresa familiar es poseída en su totalidad o mayoría por una familia.

La segunda es el **poder**: miembros de la familia propietaria (todos, unos cuantos o pocos) son quienes están a cargo de la empresa familiar y las principales decisiones que afectan su funcionamiento.

La tercera es la **continuidad**: estos familiares propietarios y en el poder, muchas veces tienen la voluntad de que la empresa se mantenga en la familia.

Esto quiere decir, que sus hijos y nietos continúen trabajando en ella.

Esto da lugar a la cuarta característica que diferencia a las empresas familiares de las empresas tradicionales y es que las empresas familiares tienen una **visión de muy largo plazo**. Los empresarios familiares muchas veces ven a la empresa familiar no solo como un medio de vida para ellos mismos, si no también como un medio de vida para sus hijos y nietos.

Esto va a implicar un desafío particular para las empresas familiares, que es que van a tener que responder a las **necesidades y exigencias tanto de la propia empresa como de la familia**.

Las necesidades de la propia empresa van a ser iguales a las de cualquier empresa privada: satisfacer una o alguna necesidad del mercado, siendo a su vez un negocio rentable, adaptarse a los cambios del entorno, etc.

Pero además, los desafíos que se generan respecto a la familia son varios: ser tan rentable como la familia necesite para poder vivir de sus utilidades y dar trabajo a los miembros de la familia que así lo requieran entre otras.

Esto va a generar que en muchas ocasiones no haya una clara separación entre empresa y familia, condicionando la marcha de una a la otra. Si el dueño de la empresa tiene muchos hijos, probablemente se preocupe porque la empresa crezca para que todos sus hijos puedan trabajar en ella.

Muchas veces sucede que esa misma familia, podrá viajar o irse de vacaciones si a la empresa le va bien, los hijos ayudarán a sus padres en sus tiempos libres en la empresa desde muy jóvenes, etc, generando que la historia de la empresa y de la familia estén muy vinculadas.

Además, hay otra característica particular de las empresas familiares, que se da con mayor importancia en las empresas que llevan el apellido de la familia y es la **preocupación por la calidad e imagen** ante los consumidores.

Imagina una empresa que lleva tu apellido: ¿No te gustaría que la gente hablara bien de ella y reconociera sus productos o servicios como productos de calidad? Bueno, esa es la preocupación de las empresas familiares sobre su imagen y la calidad de sus productos o servicios.

Etapas de la empresa familiar:

Muchas empresas familiares nacen con un fundador, que dedica su vida y su esfuerzo a la empresa. Es el fundador y gran impulsor de la empresa y la misma depende casi únicamente de su esfuerzo y sacrificio. Es la etapa conocida como la del **"fundador"** o **"dueño gerente"**.

Si la empresa logra pasar a la siguiente generación y ese dueño gerente tiene más de un hijo y deciden trabajar juntos, se involucrará a la segunda generación en la gestión del negocio y pasará a ser una **"sociedad de hermanos"**.

Y si la misma pasa a la siguiente generación (tercera generación), será una **"sociedad de primos"**.

Pero para llegar a esta tercera etapa, la empresa familiar tiene que sobrevivir a por lo menos dos sucesiones.

La sucesión:

Las empresas familiares en algún momento a lo largo de su historia, viven un momento particular, que las diferencia de las empresas tradicionales y es el de la sucesión.

La sucesión se da cuando fallece uno de los propietarios de la empresa familiar, con la consecuencia de que la propiedad de la empresa pasa a la siguiente generación.

La sucesión debería de vivirse como un proceso natural, donde el o los propietarios a medida que van creciendo y su edad avanzando, van planificando su retiro, pero no siempre sucede así. Muchos hijos no quieren hablar de la sucesión, para no parecer interesados en la herencia, pero no hablar del tema y planificarlo, solo genera problemas para el momento que llegue.

La sucesión es clave para el futuro de la empresa, porque implica no solo la transferencia de la propiedad, sino también de la administración y un cambio de liderazgo.

La sucesión tiene más probabilidades de éxito cuando se planifica con tiempo y se realiza en conjunto entre las dos generaciones, ya que implica planificar el retiro del dueño y la incorporación de la nueva generación.

Ventajas de las empresas familiares:

Todos estos puntos otorgan a las empresas familiares ventajas y desventajas respecto de la empresa tradicional.

Una de las principales ventajas de las empresas familiares es el **compromiso** que tiene la familia con la empresa. Muchos empresarios familiares están dispuestos a trabajar en su empresa mucho más que en cualquier trabajo remunerado. Muchos hijos trabajan desde muy jóvenes "gratis" o trabajan muchas horas sin cobrar "horas extra" o con salarios debajo de la media del mercado.

La segunda gran ventaja es su **agilidad y rapidez para tomar decisiones**: dado que los dueños están muy involucrados en la gestión de los negocios, las decisiones en general son rápidas.

Además, por estar tan involucrados los familiares en el negocio y de tanto tiempo, los dueños **conocen al detalle la empresa, sus productos, sus servicios** y eso les da una ventaja respecto de otras empresas que, cada vez más, tienen alta rotación de personal.

Ejemplo: las entregas de la imprenta "M&S"

Hace algunos años, cuando yo trabajaba en CASH (Empresa financiera uruguaya), teníamos un proveedor que era una imprenta, llamada **"M&S"**.

Era una empresa familiar, donde un matrimonio y sus dos hijos menores llevaban adelante el negocio.

Siempre recordaban con mucho cariño, que cuando Cash empezó a comprarles volantes, muchas veces uno de sus hijos de 14 años los entregaba en bicicleta, ya que la imprenta quedaba cerca de las oficinas de Cash.

Este es un claro ejemplo de cómo muchas veces en las empresas familiares los hijos se involucran y trabajan desde muy jóvenes, lo cual sin dudas representa una gran ventaja para estas empresas familiares.

Desventajas de las empresas familiares:

Un miedo que muchas personas tienen sobre las empresas familiares y que está perfectamente fundado, es sobre los **problemas, peleas o diferencias** que se pueden generar trabajando con familiares: hermanos, padres, primos, etc.

Confusión del patrimonio empresarial y familiar: muchos fracasos en las empresas familiares se dan por no poder separar el dinero o patrimonio familiar del empresarial, financiando la empresa los lujos de la familia o pagando, en la empresa salarios de miseria a familiares que se terminan yendo a otras empresas por no ganar lo suficiente.

Ejemplo: 3 hermanos que se compraron autos de alta gama con dinero de la empresa.

Hace algunos años, yo trabajaba en el banco Itaú como analista de créditos para empresas.

Me acuerdo que en un momento, vino una empresa familiar que era dirigida por 3 hermanos (eran la segunda generación en la empresa) a traerme los balances y me contaron, que como habían tenido un buen año en la empresa decidieron comprarse los 3 autos de alta gama.

Al poco tiempo volvieron a pedir un préstamo. No estaban pudiendo hacer frente a algunas obligaciones y necesitaban más dinero.

La razón: los autos de alta gama los habían comprado con fondos de la empresa, lo que les generó un problema financiero.

Este es un claro ejemplo de cómo la confusión del patrimonio personal o familiar con el de la empresa puede generarle a la empresa familiar problemas.

Zara como empresa familiar.

Muchas veces asociamos a las empresas familiares con pequeñas empresas. Pero no siempre es el caso.

Empresas como Zara, Puma o Adidas (entre otras) son o fueron empresas familiares.

En el caso de Zara, fue Amancio Ortega que en 1963 inauguró "Confecciones GOA": un taller dedicado a la producción de vestidos y batas de mujer.

En 1975, el propio Amancio Ortega abrió Zara, hoy grupo Inditex.

Casi 50 años después, en el año 2022 Marta Ortega, hija de Amancio Ortega, asumió la presidencia del grupo Inditex.

No es el objetivo de estas líneas profundizar en la historia de Zara, pero sí tener presente, que las empresas familiares no siempre son pequeñas empresas.

Mensaje de cierre y despedida

Hemos llegado al final de este e-book.
Muchas gracias, querido lector/a por llegar hasta aquí.

Esta es una tercera edición, con algunas mejoras y ampliación respecto a la segunda, pero que se mantiene con su esencia: es un e-book sencillo y corto sobre administración de empresas.

Espero que te haya gustado, tus comentarios y feedback será más que bienvenido para mejorar en las próximas ediciones.

Espero que hayas disfrutado la lectura y quedo a las órdenes por cualquier consulta o comentario.
Saludos.

Agustín Dighiero Triay.

Bibliografía

1. https://www.becas-santander.com/es/blog/objetivos-smart.html
2. Cr. Javier Comas y Cr. Lic. Daniel Ginesta: Libro - Emprendimientos, creación y gestión.
3. Cr. Javier Comas y Cr. Lic. Daniel Ginesta: Libro - Emprendimientos, creación y gestión.
4. Cr. Javier Comas y Cr. Lic. Daniel Ginesta: Libro - Emprendimientos, creación y gestión.
5. Cr. Javier Comas y Cr. Lic. Daniel Ginesta: Libro - Emprendimientos, creación y gestión.
6. ROBBINS Y COULTER - "ADMINISTRACIÓN"
7. Dale Carnegie - "Como ganar amigos e influir sobre las personas"
8. Robert Kiyosaki - "Padre rico, padre pobre"
9. ROBBINS Y COULTER - "ADMINISTRACIÓN"
10. BLOG DE XN PARTNERS: HTTPS://XNPARTNERS.COM/ACTITUDES/LAS-EMOCIONES-IMPORTAN/
11. Enrique Baliño - "no + pálidas"
12. Cr. Javier Comas - Cr. Moris Cuneo "Las organizaciones y su administración"
13. ROBBINS Y COULTER - "ADMINISTRACIÓN"

14. Del libro "Administración" -Lourdes Münch

15. Zaleznik, 1977

16. Florencia González, analista de capital humano de Advice

17. Monitor Laboral - Competencias blandas y el mercado de trabajo - CED, Buscojobs y equipos consultores

18. Libro: Emociones Tóxicas, Bernardo Stamateas

19. Comas, Cuneo: Las organizaciones y su administración.

20. Del libro "Administración" de Lourdes Münch.

21. Comas, Cuneo: Las organizaciones y su administración.

22. Comas, Cuneo: Las organizaciones y su administración.

23. Del libro "Administración" de Lourdes Münch.

24. ROBBINS Y COULTER - "ADMINISTRACIÓN"

9 789915 428956